Charles Juliet

# DANS LA LUMIÈRE DES SAISONS

## Lettres à une amie lointaine

*P.O.L*
8, villa d'Alésia, Paris 14^e^

ISBN : 2-86744-212-5

26 mars

Amie,

Vous voici maintenant installée au Texas. Cette transplantation a dû vous perturber. Sans doute vous faudra-t-il quelques mois pour vous acclimater. Quel est présentement votre état d'esprit ? Et où en êtes-vous, je ne dis pas : de votre recherche, car ce mot ne convient pas, mais de votre cheminement ?

Ecrivez-moi longuement. J'aurai plaisir à apprendre ce qu'est votre nouvelle existence et le retentissement qu'elle a sur votre vie intérieure.

Depuis des semaines, je n'ai pas pris la plume. Mais je ne m'en inquiète point. Je ne puis écrire que ce qui m'est plus ou moins donné. Le plus clair de mon temps se passe donc à attendre. Avant, quand la source se tarissait, je m'alarmais, pensais qu'elle ne rejaillirait plus, qu'il ne m'en viendrait plus rien. Maintenant, je sais que je peux garder confiance. Un jour ou l'autre, le doux murmure se fait entendre. Il ne s'agit que d'être prêt, de se mettre à son écoute, de capter ce qu'il balbutie ou me dicte d'une voix nette et clairement audible.

Ne pouvant rien faire, je passe des journées entières à marcher sur les collines. Elles sont couvertes de bois, de prés, de champs, de vignes. Près de celles-ci s'étendent de long tas de pierres grises qui ont été retirées d'une terre avare et sauvage, peu propice à l'élevage et la culture. Mais génération après génération, depuis des siècles, les paysans se sont acharnés à la domestiquer, la travailler, la forcer à produire ce dont ils avaient besoin. Ils ont trimé sur ces terres comme des bagnards, ouvrant des chemins, charriant des pierres, remontant la terre en haut des vignes avec leurs hottes, construisant des murs et des escaliers, bâtissant ces petites maisons appelées « grangeons », où ils entreposaient leurs outils, et où il leur arrivait parfois de vivre un ou deux jours. Souvent, quand je mesure l'ampleur de ce qu'ils ont accompli, j'admire ces hommes. Pourtant ces dernières années, je pensais à eux avec compassion, tristesse. Ce qu'ils avaient créé au prix d'un travail séculaire était en voie d'être effacé, réduit à néant. Les murs s'écroulaient, les friches gagnaient du terrain, les buissons s'étendaient, et tout donnait à penser que la nature allait reprendre ses droits. Mais fort heureusement, une nouvelle génération de paysans a relevé le défi. Des friches ont été éliminées, des vignes plantées, des murs reconstruits, et désormais, j'ai la joie de me dire que l'œuvre de ces anciens n'est plus menacée de disparaître, d'être engloutie par les ronces et les broussailles.

Hier, j'ai rencontré un vieux vigneron que je connais depuis mon enfance. Je suis resté un long moment à parler avec lui, assis à ses côtés sur un banc de pierre, le dos appuyé contre le mur de son « grangeon ». Devant nous s'étendait ce vaste panorama que j'aime tant à longuement contempler chaque fois que je suis là-haut. Des prés, des champs, des vignes, de basses collines couvertes de bois, une plaine où coule une large rivière, d'autres collines auxquelles succède un plateau où miroitent des étangs. Ce panorama, je l'ai vu sous les lumières les plus différentes, en toute saison, par n'importe quel temps. Il est lié à mon histoire, à ma vie la plus intérieure, et lorsque je l'embrasse du regard, une émotion me gagne, et je ressens la force du lien qui m'attache à ce pays.

L'air était d'une grande douceur, et auprès de ce vieillard, j'étais heureux. Il est pauvre, vêtu d'habits informes, élimés, sans couleur, et en ville, on le prendrait pour un clochard. Mais quelle ingénuité et quelle bonté dans son regard et sa voix. C'est un homme qui se suffit à lui-même. Comprenez-vous ? Il se suffit à lui-même. Il parle peu, mais tout ce qu'il dit est riche de sens, de vie, et j'aime à l'écouter. Parfois, quand je songe à saint François d'Assise — lequel a été pour moi une figure qui a beaucoup compté — je me le représente avec les traits et l'apparence de cet homme.

Chaque printemps, quand revient le moment de tailler les sarments, j'appréhende de ne pas le retrouver, d'avoir à me convaincre qu'il n'est plus de ce monde.

Vous ai-je déjà dit que je compose la plupart de mes poèmes en marchant ? Aujourd'hui, j'ai dû parcourir des kilomètres à l'intérieur des bois, sourd au chant des oiseaux, ne voyant presque rien de ce qui m'entourait. J'étais aux prises avec un poème qui m'a donné du mal. Curieusement, ce poème parle de jours vides, d'ennui, de ténèbres, alors que j'étais d'humeur sereine, et que juste avant que ne bruissent les premiers mots, je prenais plaisir à cette balade, à tout ce que m'offrait cette belle journée de printemps.

Après avoir mis ce texte au point, de crainte de le perdre, je n'ai cessé de me le répéter tout au long du retour. Parfois, des mots m'échappaient, ou je me fourvoyais dans des vers que j'avais éliminés, et je devais faire effort pour retrouver ceux qui appartenaient à la version définitive.

Arrivé à la maison, je l'ai aussitôt consigné dans un carnet, mais mon esprit ne pouvait s'en défaire. Il continuait de le ressasser. J'ai dû m'absorber dans la lecture d'une page de roman pour m'en délivrer.

Je vais laisser reposer ce poème et vous l'enverrai plus tard. Aujourd'hui, pour vous en donner une idée, je me contenterai d'en recopier les derniers vers :

> j'attends
> que sourde
> la lumière
>
> que meure
> le temps
>
> que jaillisse l'eau
> dont j'ai soif

L'attente. Avez-vous connu, connaissez-vous l'attente ? Cette attente qui pendant des années n'a cessé de me ronger, m'a empêché de participer, a frappé d'inanité cela même qui aurait dû me contenter. Si vous saviez dans quel désert elle m'a fait vivre. Rien de ce qui se proposait à moi n'était à la mesure de ce dont j'avais soif. Et que pouvais-je bien attendre ? Je n'aurais su le préciser. Sans doute étais-je dans l'attente de cette merveille qui eût apaisé la soif de ce qui manque à toute vie. Mais il n'est point de merveille, et je conçois maintenant que je n'ai pas à le déplorer. Ce qui est susceptible de répondre à cette attente ne peut nous venir que de l'instant – cet instant qui est là, en avant de nos pas, et qui s'offre à notre convoitise. Mais souvent, nous le trouvons trop gris, trop banal, et parce qu'il ne nous paraît pas digne de véhiculer ce dont nous désirons nous rassasier, nous le franchissons sans chercher à recevoir ce qu'il recèle. Combien nous nous trompons. A tout moment la vie abonde, ruisselle, irrigue ce quotidien auquel nous ne savons pas nous arrêter. C'est du plus ordinaire que filtre l'eau de la source. Mais il y a tant à débroussailler avant d'être à même de le comprendre, de l'admettre.

L'avidité qui sous-tendait cette attente, je me rendais compte qu'elle était excessive, et j'ai usé de différents moyens pour tenter de la modérer, mais aucun n'a eu la moindre efficacité. En nous sont des faims, des peurs, des attachements, des angoisses... que nous ne pouvons maîtriser, quelles que soient par ailleurs la lucidité, la détermination et la connaissance de soi que nous mettons en œuvre pour les dominer. L'ennui, un ennui que rien ne vient distraire, est la conséquence de cette attente qui se vit dès l'origine comme devant être immanquablement déçue. Dès l'adolescence, j'ai su lire sur des visages et dans des regards cette forme d'ennui où s'exprime la souffrance du manque fondamental.

L'attente et la peur. La peur et l'attente. Ne croyez-vous pas que toutes deux définissent pour une grande part l'être humain ?

Il y a deux jours, j'en étais resté là de ma lettre. Je la reprends.

Le printemps s'installe. Les températures sont de plus en plus clémentes et le petit pré sur lequel s'ouvre la maison est maintenant parsemé de violettes et de primevères. Dans les bois, l'extrémité des branches, après s'être couverte d'un velours mauve, se met à blondir.

Hier, lors d'une promenade dans les collines, je me suis étendu dans un pré. Au-dessus de moi, une alouette se livrait à son curieux vol immobile et babillait avec ardeur. En contrebas, dans les vignes, des hommes étaient au travail et des bruits me parvenaient qui se confondent pour moi avec la venue du printemps.

Les sèves s'activent, des faims nouvelles avivent le sang, et le corps est tout ébranlé par ce remuement du désir qui s'éveille. Parfois, j'ai une folle envie de fuir, de me lancer sur les routes, de partir à la rencontre de cette vie ardente dont j'ai la lancinante nostalgie.

Mais cela dure peu, car je sais bien que ce n'est pas en m'aventurant au hasard des routes que j'aurai chance d'approcher ce que je brûle d'atteindre. Les seuls chemins qui valent d'être empruntés sont ceux qui mènent à l'intérieur. Et lorsqu'on pénètre dans sa nuit, la première chose qu'on découvre, c'est qu'on est captif d'une geôle. Y demeurera-t-on toute son existence ? Ou réussira-t-on à s'échapper ?

Celui qui veut à toute force se rendre libre a beaucoup à souffrir et à se battre. Mais si un jour il arrive à jeter bas les murs de son cachot, puis à déboucher en pleine lumière, il lui est donné d'accéder à une certaine connaissance, et en lui, la peur, la haine de soi, l'angoisse et la culpabilité cèdent la place à une paix, une force, une foi en la vie qui feront que son cercle ira toujours grandissant. Alors sa main dont les doigts étaient comme des serres toujours prêtes à étouffer leur proie, sa main se décrispe, s'ouvre, et il comprend qu'elle ne servira plus désormais qu'à la caresse et l'offrande.

L'être qui s'est unifié n'est plus séparé. Il vit en accord et en harmonie avec lui-même, autrui et le monde. Il fait partie du tout et perçoit l'unité de ce tout. Il ne cherche plus à posséder et dominer. Il n'est plus du côté de l'agressivité, de la violence, de ce qui abaisse, humilie, inflige la mort — cette mort de l'âme non moins fatale que celle du corps. Il sait qu'une seule tâche lui incombe et qu'il y consacrera toutes ses énergies : faire croître la vie. En lui et autour de lui.

Dites-moi où vous conduisent vos chemins. Ce qu'ils vous ont amenée à découvrir. Dites-moi si une lueur commence à percer votre nuit, ou si vous marchez déjà sur un sol ferme, dans la clarté du jour. Quoi que ce soit que nous ayons à endurer ou subir, ne perdons pas de vue que tout est vie, et qu'en conséquence, tout est bon à vivre.

Je vous quitte à contrecœur. Demeure tourné vers vous.

C.

4 août

Chère Amie,

Impossible de dormir. Les murs rendent la chaleur qu'ils ont absorbée pendant le jour, et on étouffe. J'en ai eu assez de soupirer, de me tourner et de me retourner sur mon oreiller, et je viens de me lever pour vous écrire cette lettre que je vous dois. Mais y parviendrai-je ? Dans l'état de déliquescence où je me trouve, il semble que mobiliser sa pensée et élaborer des phrases exige un effort proprement surhumain.

L'hiver, quand on subit les brouillards, le froid, la neige, on rêve à l'été. Mais lorsqu'il est là, avec ses nuits où le sommeil se refuse, ses chaleurs exténuantes, ce mal-être dans lequel elles nous mettent, on se prend à le maudire.

A l'adolescence, mes rapports avec cette saison étaient déjà contradictoires. Durant le dernier trimestre, avant les grandes vacances, je l'attendais avec une violente impatience. Dans mon esprit, elle était promesse de lumière, de liberté, de vie offerte à foison, elle me permettrait d'assouvir toutes ces faims que j'avais accumulées, elle ouvrirait devant moi des chemins qui me mèneraient vers d'inoubliables rencontres. Mon imagination s'enfiévrait, et par la pensée, je vivais ardemment ce que mes désirs me représentaient. Puis c'étaient les vacances. Bien évidemment, elles m'accordaient de menus plaisirs, des joies, des instants de ferveur. Mais après quelque temps, il me fallait admettre cette pénible évidence : ce que j'avais si follement attendu ne m'était jamais donné. Alors la lumière se voilait, et ces jours interminables qui auraient dû tant m'apporter, n'étaient plus que déception, ennui, solitude.

Mais vous aussi, me dites-vous, vous avez souffert de chaleurs accablantes, et je comprends que vous vous soyez rendue au Canada pour chercher un peu de verdure et de fraîcheur. J'espère que vous y passez un très agréable séjour. A votre retour vous trouverez ma lettre, et il me plaît de penser qu'elle sera là pour vous accueillir.

Un journal m'a demandé d'écrire quelques brèves pages où je parlerais de l'été, et demain, je voudrais entreprendre ce texte. Mais en serai-je capable ? J'en doute. Si une nuit je n'ai pas assez dormi, le jour suivant, j'ai la tête lourde, je manque d'énergie, et je renâcle à prendre la plume. Au reste, l'été n'est pas pour moi une saison propice au travail. Je ressens trop vivement l'appel du dehors, le beau temps m'incite à sortir, à aller me promener, à rejoindre tel ou tel pour l'inviter à boire un verre. De surcroît, j'ai ce besoin de me sentir en accord avec ce qui se passe autour de moi, de me mettre à l'unisson de tous ces gens qui sont en congé, de m'abandonner à cette atmosphère de vacances par laquelle il est si facile de se laisser prendre. Pour cette double raison, durant ces mois d'été, j'ai du mal à entrer dans la concentration et la solitude de l'écriture.

C'est un lourd handicap que d'être à ce point tributaire du temps qu'il fait, du vent du sud, des saisons, des vibrations qui me viennent de ce qui m'entoure, voire de tel événement tragique survenu ici ou là. Cette incapacité à me protéger de ces atteintes a considérablement nui à mon travail. Vous comprenez maintenant pourquoi j'admire cette aptitude que vous avez à préserver une certaine autonomie, à ne pas vous laisser *dévarier* (c'est un mot que j'ai appris dans les Cévennes et qui fait défaut à la langue française), par tout ce qui ne manque pas de me perturber.

Je venais d'écrire les mots qui précèdent, et comme j'ébauchais la phrase par laquelle j'allais continuer, je me suis mis à machinalement feuilleter l'un de mes carnets. J'ai redécouvert là un ensemble de notes que j'avais oubliées. Je vous en recopie quelques-unes. Vous me direz éventuellement ce que vous en pensez.

Pour ne pas meurtrir
ce silence où germent mes mots
où que je sois
je parle bas

Toute intention tout vouloir
empêche l'inconnu de se révéler

Il est tant de refuges
tant de manières
de fuir d'éluder
de déserter la vie

Ceux qui haïssent leur moi
mais ne peuvent s'en libérer

Vie sauvage tumultueuse imprévisible
Par peur qu'elle nous entraîne
là où nous redoutons d'aller
nous nous empêchons de vivre

J'ai trop voulu
ne pas vouloir

Ce que je vis
n'est pleinement vécu
que si je le mets en mots

Il faut parfois toute une existence pour parcourir le chemin qui mène de la peur et l'angoisse au consentement à soi-même. A l'adhésion à la vie

Sache renoncer à ce profit
qui s'attache au renoncement

L'amour l'amour
Ce mot traîne sur bien des lèvres
mais qui est assez grand
pour vivre ce qu'il désigne

A l'instar de ton œil
ta faim est plus claire
Et elle voit mieux
ce qui pourrait l'assouvir

La sève qui irrigue
mon tronc et mes branches
elle provient maintenant
de mes racines

Boire boire
à pleine bouche
et sentir s'aiguiser
ma soif

La liberté et l'amour
Leur loi d'airain

L'autre nuit, au cours d'une insomnie, j'ai pensé à ce texte qu'il me faut écrire. Je crois que je vais tout bonnement raconter un souvenir d'enfance, puis le relier à une aventure avec laquelle il a de nombreux points communs.

J'avais une dizaine d'années. En cette journée d'été, il faisait une chaleur torride et on avait peine à respirer. Je gardais des vaches au flanc d'une montagne. Au-dessous de moi s'étendait une forêt qui dévalait vers je ne savais quels abîmes. Dense, compacte, elle était peuplée de menaces et elle m'effrayait. Un vieux charpentier m'avait raconté qu'au fond de ses ravins s'élevaient trois hêtres immenses, plusieurs fois centenaires, et il affirmait qu'ils étaient encore plus beaux qu'une cathédrale.

Ce jour-là, sous le coup d'une impulsion, je résolus de partir à leur découverte.

Ma chienne connaissait les limites du champ et savait empêcher les vaches de les franchir. Je laissai donc mon maigre troupeau à sa garde, et cœur battant, m'enfonçai dans cette ténèbre. J'avais peur de me perdre, de ne jamais revoir le jour. J'avais peur d'être attaqué par ces bêtes féroces qui gîtent au fond des bois. J'avais peur de voir surgir ces bûcherons qui travaillaient à faire du charbon de bois, vivaient dans une hutte et avaient des allures de voleurs d'enfants.

Je suis tombé à plusieurs reprises, j'ai traversé des fourrés où régnait une obscurité presque totale, je me suis ouvert un genou en me laissant glisser sur un rocher, mais je n'ai pas cessé de descendre. Le silence était absolu, et quand je marchais sur une branche qui craquait, je sursautais, éperdu d'angoisse.

Je n'ai pas trouvé les trois hêtres. Mais au bas de la montagne, après une descente aveugle qui m'avait paru durer des heures et rendu étranger à celui que j'avais été jusque-là, j'ai débouché dans une clairière. Aussitôt, j'ai éprouvé une sensation d'intense bien-être. J'étais délivré, libéré, avais retrouvé la lumière, échappé à la nuit, aux menaces, aux dangers, et je ne me souciais pas de savoir comment j'allais remonter. La joie qui me possédait effaçait tout.

Un peu plus tard, j'ai perçu un bruit très doux, un murmure très étouffé. J'ai marché dans sa direction. Une source était là, et au pied du rocher, l'eau qui lentement s'écoulait luisait au soleil. Je me suis agenouillé, ai plongé mon visage en feu dans la fraîcheur de cette eau claire, et à amples goulées, j'ai longuement bu.

J'ai su d'emblée que je venais de vivre une expérience cruciale, et par la suite, souvent, très souvent, je me suis remémoré cet étrange instant. Mais ce n'est que bien plus tard, après un fort long parcours et de décisives découvertes, que cette descente à travers une forêt vers je ne savais quoi, m'est apparue comme la préfiguration d'une tout autre aventure.

Cette aventure, un être la vit dès lors qu'il est à la recherche de lui-même et s'emploie à explorer sa nuit. Mais avant que perce une certaine lueur, avant que les lèvres puissent s'offrir à la source, que de distances à couvrir, que de crises à surmonter, que d'obstacles à vaincre.

Cette traversée de la forêt, on ne peut l'effectuer que seul, en abandonnant tout repère, tout appui, tout espoir de retour, et c'est pourquoi elle n'est qu'angoisse, souffrance, désarroi, inexorable solitude. Mais une fois la traversée accomplie, pour celui qui a eu ce courage de progresser sans savoir ce qui allait advenir, quelle force, quelle plénitude, quelle instante adhésion à la vie.

Non, je crois que j'allais faire fausse route. En vous exposant ce que je me proposais de dire dans ce petit texte, je viens de me rendre compte que je devrais choisir un autre sujet. Pour bien traiter celui-ci, qui est vaste, complexe, important, et qui en outre me tient particulièrement à cœur, il me faudrait disposer d'un espace moins exigu que celui qui m'est consenti.

Vous ai-je dit que chaque matin, bien avant que vienne le jour, je suis réveillé par le concert des oiseaux ? C'est bien agréable, mais enfin, je préférerais qu'ils soient plus discrets. Les pies se montrent les plus bruyantes. Parfois, elles ont de méchants comptes à régler. Comme les humains, il semble qu'elles soient plus promptes à l'affrontement qu'à la conciliation.

Hier soir, étendu sur la pelouse, je regardais les étoiles et pensais à vous. Où en êtes-vous de votre traversée de la forêt ? Ne cédez pas au découragement qui parfois vous saisit. Ne refusez pas ce qui vous est imposé. Ne craignez pas d'aller au-devant de l'inconnu. Un jour que j'espère proche, vous devrez admettre contre toute attente que vous êtes une privilégiée.

Je suis fort étonné d'avoir été capable de vous griffonner ces quelques feuillets. Mais maintenant le sommeil me gagne. Je vous quitte donc et vous embrasse, non sans vous rappeler que mon affection vous accompagne, vous qui continuez d'errer, harcelée par les brûlures de la soif.

C.

Si cet automne vous vous rendiez au Nouveau-Mexique et passiez par Albuquerque, faites-moi l'amitié de m'envoyer quelques cartes postales de cette ville. Un jour, dans un roman, j'ai lu ce nom d'Albuquerque. Pour je ne sais trop quelle raison, il m'a plu et beaucoup donné à rêver. Mais j'ai lu aussi des entretiens de musiciens de jazz qui semblaient dire qu'elle était une cité sans caractère, sans âme, écrasée de chaleur et d'ennui. Il se pourrait alors que ces cartes mettent mes rêves à mal, ruinent mon désir de partir un jour à la découverte de cette ville et cet Etat.

30 octobre

Amie chère,

Il est une heure du matin. Je suis dans mon grenier, entouré de mes livres et des toiles que des peintres amis m'ont offertes. Nuit, profond silence, sommeil des hommes et de la nature. Il me vient le désir de m'entretenir un moment avec vous, bien que je n'aie pas l'impression d'avoir quoi que ce soit à vous dire.

Depuis quatre heures que je suis à cette table, je n'ai ni lu ni écrit. Enfoui dans un état d'ineffable bien-être, les yeux le plus souvent clos, j'ai erré en moi, soumis aux intermittences du murmure. Bien des choses auraient dû être notées, mais prendre mon stylo semblait au-dessus de mes forces.

J'étais dans une telle passivité que je ne pouvais déplacer ma main, et je savais d'expérience que le moindre mouvement aurait tout détruit. Aussi ai-je veillé à n'esquisser aucun geste, de crainte d'être arraché à ce dont je jouissais, et qui était si fragile, si précieux, si intense.

Dans l'état où je suis, la vie calmement ruisselle, m'inonde, m'emplit de confiance, de ferveur, accroît mon amour des êtres et ma foi en la vie. La culpabilité, les impatiences, les tourments, les peurs ont disparu, et je ne suis plus que ce flux, cette paisible et inépuisable coulée qui me convainc que la vie est bonne, simple, formidablement riche. Coupé du temps, je n'ai pas conscience que les heures continuent de s'écouler, et quand j'émerge de cet état, revenir au quotidien n'est plus une épreuve. Auparavant, vous l'avez compris, c'en était une, et je la redoutais. Mais maintenant, le passage se fait sans à-coup. L'existence reprend normalement son cours, et tout devient soudain plus facile, plus attrayant, tout se charge d'un nouveau sens.

J'ai passé ma journée à marcher sur les collines. Des écharpes de brume traînaient dans la plaine, mais sur les hauteurs, une lumière dorée exaltait les ocres, les bruns, les rouges des vignes et des arbres qui brûlaient dans l'air immobile.

Si vous saviez combien j'aime l'automne, combien je me sens accordé à cette saison. Les ardeurs de l'été ont pris fin, et avec elles, les tensions, parfois le mal-être qu'elles entraînent. Une douceur est là, présente dans l'air, les lumières, les ciels qui pâlissent. En elle se profile la menace du déclin, et c'est peut-être cette menace qui donne tant de prix à la splendeur de ces journées où la vie jette ses derniers feux.

Saison des fruits, des récoltes, de la surabondance. Maturité. J'ai toujours associé cette saison à ce que représente pour moi la femme, la mère, à ce qui opère en la majorité d'entre vous et dont l'homme est si loin.

De cet automne je passe à celui de l'existence humaine. Pour nous aussi au long des années, se succèdent des nuits de gel, des vents dévastateurs, d'implacables journées de canicule, des orages, des sécheresses, des pluies torrentielles, et c'est tout cela qui finit par produire la richesse d'une vie, la beauté d'un visage. (Un visage n'est jamais si beau, si émouvant, qu'à son automne.) Sachons donc tout recevoir d'un cœur égal et conduire nos vies vers cette plénitude du fruit qui s'est fortifié de tout ce qui lui fut contraire.

J'ai quitté les vignes, et grimpant sur les plus hautes collines, me suis enfoncé dans les bois. La voûte brune des frondaisons laissait filtrer une lumière rousse, chaude, qui répondait assez bien à celle qui régnait en moi. J'ai marché pendant une ou deux heures, goûtant le silence, humant l'air humide où flottait une odeur de champignons, observant les effets des rayons du soleil sur les troncs et les feuilles. Marcher dans cette lumière était un pur enchantement.

Cet enchantement n'a pas duré. Chaque fois que je suis en communion avec la nature, vient un moment où je redécouvre combien elle nous est étrangère, et la pensée que nos préoccupations, nos ennuis, nos angoisses, notre inguérissable misère, ne trouvent en elle aucun écho, me peine, me donne le sentiment d'être rejeté, éteint sur-le-champ les plaisirs dont elle me comble.

Si ces jours, comme moi, vous avez parcouru les journaux, vous avez dû apprendre qu'un peu partout dans le monde des forces mauvaises se déchaînent. Dans de nombreux pays, sur presque tous les continents, ce ne sont que crises, tyrannies, convulsions, famines, guerres, horreurs de toutes sortes. Depuis le fond des temps, l'histoire n'en finit pas de se répéter. Mais la rapacité, le besoin de puissance et de domination, les violences qu'ils suscitent, quand prendront-ils fin ? Jamais l'avenir non pas d'un pays, ni même d'un continent, mais bel et bien de la planète, n'a été aussi sombre. Du racisme à l'intolérance religieuse, du gangstérisme économique à la folie d'un tyran, des rivalités tribales aux nationalismes exacerbés, c'est toujours ce même besoin de soumettre l'autre, de le déposséder, l'humilier, l'écraser. Parfois, je suis accablé, et mon espoir vacille de voir un jour notre triste humanité non pas s'employer à soigner les maux que depuis des millénaires elle ne cesse de sécréter, mais vaincre enfin ses effroyables démons, se réconcilier avec elle-même, vivre en paix, vivre en paix, mettre au service du bien commun les inépuisables énergies qu'elle consacre à multiplier les destructions, répandre la misère et le malheur, faire sauvagement couler le sang.

Il y a un mois, c'était mon anniversaire, et cette époque de ma vie semble marquer pour moi le commencement d'une nouvelle étape. Jusqu'alors, je me réjouissais de vieillir, de voir s'estomper mon enfance et ma jeunesse, d'aller à la rencontre de cette maturité dont je souhaitais la venue depuis si longtemps. Mais aujourd'hui, il me paraît que bien des choses ont changé. J'en ai pris conscience en constatant que mon rapport à la lecture et aux livres n'est plus ce qu'il était.

Avec l'écriture, la grande passion de ma vie a été, est encore la lecture. Chez moi, dans les cafés, les autobus, voire dans la rue, ou lors d'une insomnie, dès que je le pouvais, je me plongeais dans un livre. J'ai parfois passé des semaines entières à ne faire que lire, à m'engloutir dans une œuvre, à ne pas la lâcher sans l'avoir absorbée en sa totalité. Cette passion des livres et de la lecture s'est d'ailleurs fréquemment trouvée en conflit avec mon travail, et c'est elle encore qui ne m'a pas laissé le loisir d'écouter de la musique plus souvent. Au moindre instant libre, l'urgence était impérieuse. Il me fallait me saisir d'un livre, et en hâte, parcourir quelques pages. En hâte mais non sans grande attention.

Recueil de poèmes, essai, roman, ouvrage de philosophie, mémoires, autobiographie, correspondance, textes mystiques..., je dévorais tout avec la même avidité.

Certains livres m'ont causé de vives et durables

émotions, d'autres m'ont profondément bouleversé. A tel point qu'il m'est arrivé parfois, au sortir d'une lecture, de me retrouver comme drogué. La réalité ambiante me paraissait lointaine, j'avais le plus grand mal à reprendre pied dans mon existence, et tout ce qui survenait dans ma vie intérieure portait l'empreinte de ce que le livre lu avait déposé dans mes recès. Je vivais sous influence, écartelé entre le quotidien et ce qui avait pris possession de moi. Aussi ces journées ne m'ont-elles laissé que le souvenir d'un constant malaise. Au fil des heures, des jours, ce dont je recevais tant de vie s'effilochait, se diluait, me laissait face à une réalité maussade, aux prises avec un moi-même auquel il m'était pénible de revenir.

J'ai donc lu des centaines de livres, mais mes lectures n'avaient rien de systématique. J'allais vers tel ou tel ouvrage au gré de mes humeurs et des attirances, guidé le plus souvent par la seule recherche de ce qui ferait tressaillir cette région où je suis en attente d'une vie plus haute et plus intense. Voilà pourquoi sans doute nombre d'œuvres importantes me demeurent inconnues.

Ces centaines de volumes, dont j'ai voulu si ardemment m'incorporer la substance, m'ont-ils vraiment enrichi ? Il est difficile de le savoir. Parfois, j'inclinerais à répondre par la négative. Pour la bonne raison que les quelques idées qui régissent ce que je pense, je les ai découvertes en moi dès que j'ai accédé à la vie de la conscience.

Je crois que mon besoin de lire était alimenté par mes doutes et interrogations, par mon manque de confiance en moi, par mon appétit de savoir, par mon désir d'apprendre à écrire, d'entrer en possession de mon métier d'écrivain. Mais le plus souvent, je manquais de regard critique. J'étais dans un état de trop grande humilité et crédulité, et cela n'était pas une bonne chose.

Je ne me relis pas, et je ne sais si je suis parvenu à dégager pour vous les raisons qui me rendent la lecture moins nécessaire. En tout cas, le fait est là : j'entends rompre avec cette attitude intérieure d'où procédait cet insatiable besoin de lire. De cela, je ne peux que me réjouir. Lisant moins, je serai moins encombré et je disposerai de plus de temps pour écrire.

Il n'empêche que je suis étonné de ne pas vivre comme une petite tragédie le fléchissement de cette passion qui a tenu une telle place dans ma vie. Et je m'étonne bien davantage de n'être pas accablé par cette évidence à laquelle je dois me résigner : je n'aurai désormais plus le temps de découvrir ces dizaines d'ouvrages qui sont là, près de moi, à portée de main, et que j'ai à peine feuilletés. Avant, leurs titres étaient présents à mon esprit, mon regard fréquemment s'attardait sur leur tranche, et je me projetais parfois jusqu'à cet instant où j'allais avoir le bonheur de me laisser emporter par l'un d'eux. Maintenant, sans regret ni déchirement, je m'éloigne, je renonce, accepte de lâcher prise, de vivre dans l'ignorance de ce que je voulais tant connaître, et quel repos c'est que de n'être plus tenaillé par la faim.

J'étais encore dans les bois lorsqu'est tombée la nuit, et avec elle, une soudaine fraîcheur. Le silence a semblé s'approfondir, et une sourde mélancolie m'a étreint. Bien des choses remuaient dans mes limbes. Sentiment de solitude, vague angoisse, retour des peurs de mon enfance, sensation du peu que représente toute vie, crainte de ces menaces qui nous cernent, idées noires à voir approcher la mauvaise saison... c'était l'automne qui faisait irruption en moi avec ses soleils éteints, ses brumes, ses journées atones, ses feuilles pourrissantes...

Quand je suis arrivé au village, il était déjà sans

vie. Rues désertes, maisons aux volets clos, chape de silence. Je portais en moi des envies de pull de laine à col roulé, de feu de cheminée, de longues soirées tranquilles passées à rêver et méditer. Une pluie battante fouette les vitres, et on savoure d'être au chaud, à l'abri, occupé à rien d'autre qu'à se parcourir, goûter la vie à sa source.

Voici plus de deux heures que je vous écris et je n'ai fait que parler de moi. J'en ai honte. Lorsque j'étais jeune, il m'était impossible d'écrire des lettres. Ce que j'étais, ce qui me concernait me paraissait dénué d'intérêt, et je préférais ne rien en dire. Aurais-je à ce point changé que maintenant je sois porté à me répandre sans plus savoir me contenir ? Si cela était, j'en serais consterné.

Comment se présente l'arrière-saison en cette région du Texas où vous résidez ? Je doute que comme moi ces derniers temps, vous ayez ramassé des noix et des châtaignes. J'ai repris la carte. Austin, Houston, Dallas, Wichita Falls, Georgetown... Je me plais à répéter ces noms de villes texanes, et sans raison aucune, je vois de douces collines pelées, quelques arbres aux feuilles flétries, et vous, solitaire, marchant sur une route blanche et étroite à la tombée du jour. C'est là que j'aimerais vous rejoindre, à cette heure, par une semblable soirée d'automne, et nous aurions tant à nous dire.

C.

10 janvier

Mon Amie,

Je viens de relire vos lettres. Pour vous retrouver, réanimer en moi votre présence, renouer le fil de notre dialogue trop souvent interrompu.

L'hiver est donc chez vous la meilleure saison. Ciel clair, temps doux et sec. Je comprends que vous vouliez mettre à profit ces semaines où vous n'êtes pas gênée par la chaleur, pour avancer votre thèse. Vous voici maintenant à mi-parcours. Encore quelques mois de travail et vous serez libérée. Mais après avoir mis le point final à cette somme qui vous aura retenue plusieurs années, et avant d'entreprendre ce roman dont vous me parlez dans votre dernière lettre, un temps de transition vous sera sans doute nécessaire. Ne précipitez rien. Laissez mûrir ce livre en vous. Et lorsque vous aurez à l'écrire, tout sera plus facile.

Dans votre avant-dernière lettre, vous vous étonnez que je puisse prétendre que tous ces livres que j'ai lus ne m'aient pas enrichi. Je suis heureux que vous me donniez l'occasion de revenir sur ce point. Après vous avoir envoyé la lettre où je vous disais cela, je n'ai cessé d'y songer, et je regrettais de vous avoir écrit une chose si peu vraisemblable, si peu conforme à ce qui fut.

Tout d'abord une précision, laquelle pourrait répondre à une pensée qui vous est peut-être venue, mais que par amitié vous avez préféré taire : je ne suis pas de ceux qui tiennent à faire croire qu'ils puisent tout en eux-mêmes et ne doivent rien à autrui. Je n'ai jamais eu ce type d'attitude et n'ai jamais compris ceux qui l'ont.

Lorsque j'ai écrit les lignes incriminées, je n'ai pas eu conscience qu'en essayant de répondre à la question posée, je m'étais arrêté à un point de vue où je ne prenais en considération que ces valeurs, ces idées qui me guident dans l'existence et gouvernent mon travail. Ces valeurs et ces idées étaient enracinées en moi dès l'adolescence, à une époque où je n'avais encore rien lu, et je voulais donc uniquement dire qu'elles n'avaient pu être transfusées en moi par des livres.

Pour le reste, il va de soi que mes lectures m'ont énormément apporté. Pendant ces années passées, elles ont été ce goutte-à-goutte qui a fait passer dans mon sang et ma tête ce qui m'a permis de subsister et de grandir.

C'est en fréquentant avec assiduité certaines œuvres de premier plan, c'est en dialoguant intensément avec elles, que je me suis construit, que j'ai appris à penser et à écrire. D'ailleurs, comment concevoir que j'aurais passé des centaines et des centaines d'heures à dévorer des livres, si je n'avais tiré le plus grand profit de ces lectures ?

Dans ma lettre, en ne me limitant qu'à un aspect très particulier de ce qu'impliquait la question, j'ai donc été amené à écrire le contraire de ce que j'aurais dû dire. Preuve supplémentaire, si besoin était, des énormes difficultés qu'on rencontre dès qu'on écrit !

Je touche d'ailleurs là à ce que j'appellerai une des tares de l'humanité : cette incapacité où nous sommes de nous exprimer avec clarté et précision, et de telle sorte que ce qui est formulé ne puisse être interprété. Un homme se raconte, cherche à livrer ce qu'il est, ce qui vit dans son cœur et sa tête, mais que passe-t-il de lui dans les mots qu'il emploie ? Tant d'incompréhension, de souffrances, de drames naissent de ce décalage existant entre ce qu'est un être et les mots à l'aide desquels il a l'illusion de se dire.

Mon village est sous la neige, et depuis quelques jours, la température oscille entre moins quinze et moins vingt. Je suis seul. J'apprécie ces journées d'hiver où le dehors me repousse. Où rien ne vient s'opposer à ce que je me love en ma pénombre. A ce que j'aille à la rencontre de ces instants où la vie a chance d'affluer, de s'offrir avec les mots qui auront à la recueillir. Par la baie, je ne vois qu'une surface d'un blanc qui m'éblouit. Tout à l'heure, sur la branche rigide d'un jeune frêne, deux geais se sont posés, et en ce moment, une mésange picore les morceaux de pain et de lard que j'ai placés ce matin au creux d'une tuile. Ce pré entouré de hauts murs est un havre de calme, de silence, et les arbres qui s'y trouvent hébergent en toute saison de nombreux oiseaux. Hier, j'avais oublié de garnir la tuile, et de quelques vigoureux coups de bec contre la vitre, un rouge-gorge est venu me rappeler à l'ordre.

L'après-midi commence, et j'aime tout particulièrement un tel moment : une longue plage de temps libre en avant de moi, et cette émotion naissante, frangée de fine angoisse, à savoir imminente l'immersion dans ce silence où, recueilli, voué à la lenteur, je vais attendre que monte le murmure. Mouvements d'approche et de repli. Emotion qui croît, puis meurt, puis naît à nouveau. Insensiblement, la chaleur interne s'élève de quelques degrés. Quels mots vont soudain surgir qui rétabliront l'accord, m'ouvriront à ce que je suis, feront de cette région et de celui qui la parcourt, ce noyau de vie dilaté par la joie grave de la présence à soi-même ?

Brûlure de l'attente. Impatience à m'approcher de ce qui, pourtant, je le sais, ne se livre que par intermittence. Crainte de la déception qui peut s'ensuivre. En dépit de cette brûlure, je suis paisible et ne perds pas de vue qu'aujourd'hui, j'aurai la force de patienter. Je sais maintenant que l'angoisse n'est plus de mise, que je surmonterai la déception si elle survient, que je n'irai pas me figurer que tout est perdu si rien ne m'est accordé. De même, je ne me laisse plus arrêter par cette évidence, douloureuse à admettre, que les instruments de préhension dont je dispose laisseront échapper la plus grande part de ce qui va sourdre, et dénatureront le peu qu'ils parviendront à saisir. Je ne suis plus en conflit avec les conditions qui nous sont faites. J'ai enfin compris que nous ne gagnons rien à nous rebeller, que la vie ne se laisse pas forcer, qu'elle ne s'offre qu'aux humbles, à ceux qui ne refusent pas de se soumettre.

Le silence est promesse de vie, et c'est pourquoi, à prendre conscience de celui qui règne ici, je me sens gagné par un profond bien-être, une confiance, le pressentiment que des heures pleines me seront accordées. De brusques embardées se produisent, et quelles fantastiques distances on se trouve parcourir à l'intérieur de soi en quelques secondes. Mystère de cet inconnu qui se présente et dont les changeants visages me conduisent de surprise en émerveillement.

J'étais parti pour vous dire tout autre chose, et je me suis laissé dériver. Et si ma lettre manque de cohérence, je me garderai de le déplorer. J'ai trop souvent voulu introduire un ordre, une clarté et une logique en des parages qui les excluent. D'innombrables fois, j'ai créé un ordre artificiel, voulu rendre clair ce qui ne saurait l'être, imposer une logique à ce qui ne pouvait la tolérer. Stupides exigences de la pensée. Pour leur obéir, j'ai déréglé mes perceptions, falsifié ce que j'en recevais. Je ne veux plus commettre pareilles erreurs. Désormais, un seul objectif : avancer en moi comme un mineur dans son filon, m'employer à voir ce qui est, puis le traduire avec un maximum de précision et de simplicité, en veillant à ne pas trop le déformer.

Une volée de moineaux a surgi, et leur brusque apparition m'a presque fait sursauter. Puis un bouvreuil est survenu, qui les a chassés. Je l'ai observé quelques secondes, et cela a suffi pour que je perde le fil. Je poursuis. Sans chercher à le retrouver.

Lenteur du temps qui porte la plénitude. En deçà des mots, le moindre mouvement intérieur est ravissement. Parce qu'au fond de moi des courants d'énergie ne cessent de se mêler, de s'étreindre, d'entrer en exultation, ronde et lisse est la joie qui naît, s'épanouit, me roule bientôt à l'intérieur de sa sphère.

Des années durant, ma faim de la vraie vie a réduit en cendres ce qui se proposait à mes lèvres, et je n'ai été qu'attente, exil, ennui. Ennui au long des secondes, des minutes, des heures, des jours, des semaines, des mois. Des interminables insomnies. Aux prises avec cette tension, cette souffrance, je harcelais de reproches cet affamé que j'étais, et qu'une faim trop ardente retranchait de la vie. Menacé de mourir d'inanition, parce que rien ne répondait à mon attente, qu'aucune nourriture n'était tolérable. Et si je passais outre à la fadeur, me forçais à accepter ce qui se présentait, la déception était telle qu'elle ne faisait qu'exacerber ma faim. Cercle infernal. Tourment de chaque instant. En ce vide, cette absence, la pensée, crucifiée, je veux dire en cet état qui n'avait jamais été la vie et qui allait être la mort, la pensée impuissante s'activait fébrilement, se débattait, se flagellait, s'auto-dévorait, cherchait à vaincre en moi cette part la plus vivante qui me tenait en agonie. A maintes et maintes reprises, excédé, j'ai poignardé celui que rien ne pouvait assouvir, mais je n'ai pas réussi à l'abattre. En désespoir de cause, j'ai résolu de le laisser à sa souffrance, et c'est elle qui, à force de le ronger, l'éroder, le taillader de toutes parts, a fini par avoir raison de lui. Mais je n'étais pas sauvé pour autant. Avec ce cadavre en moi, vivre était un calvaire. Je pensais que j'avais été lâche, que je m'étais renié, que j'allais devoir me contenter d'une nourriture trop pauvre pour faire de moi un vivant. Sur ce point, je ne sais toujours pas ce qu'il en fut, ce qu'il en est. En ce domaine, il semble qu'une faim extrême ne vaille pas mieux qu'une faim déficiente. Ni l'une ni l'autre ne peut conduire à la vie.

Tourné vers le dedans et tout entier pris par la voix, je n'ai pas vu la lumière se voiler, devenir cette grisaille qui va s'assombrissant de minute en minute. Les oiseaux ont disparu et je me sens un peu plus seul. Dans ma prochaine lettre, je répondrai à vos questions. Notamment à celles qui concernent les obstacles que j'ai franchis et mon rapport au temps. Je crois avoir passablement changé au cours de ces derniers mois, et j'essaierai de vous dire en quoi a consisté cette évolution.

Et vous ? Que pensez-vous de ce que je vous confie dans ces pages ? Et comment vivez-vous votre faim ? Et parvenez-vous à trouver la sorte de nourriture qu'elle exige ?

Je vous rappelle que j'attends vos lettres avec une vive impatience. Je vous embrasse.

C.

Achevé d'imprimer le 22 février 1991
dans les ateliers de Normandie Impression S.A.
à Alençon (Orne)
N° d'imprimeur : I1-0049
N° d'éditeur : 1212
Dépôt légal : février 1991